EMG3-0103
合唱楽譜<J-POP>
J-POP
CHORUS PIECE

合唱で歌いたい！ J-POPコーラスピース

**混声3部合唱**

# 千の風になって

## （秋川雅史）

作詞：不詳　作曲・日本語訳詞：新井 満　合唱編曲：田中達也

JN219781

### ●●● 演奏のポイント ●●●

♪歌詞を味わい深く表現することが最も重要なポイントです。口の中を広くし、言葉が浅くならないように発音しましょう。

♪なるべく1フレーズを長めのブレスで、のびのびと歌えるようにしましょう。

♪メロディーが同じところでも、ユニゾンであったりハモリがついていたりと、それぞれ違いがあります。雰囲気を歌い分けられるように工夫してみましょう。

♪ダイナミクスのつけ方を工夫することで、より豊かな音楽になります。Fから音楽はいったん静かになり、そこからGの繰り返しへ盛り上がっていく動きを大事にしましょう。

【この楽譜は、旧商品『千の風になって（混声3部合唱）』（品番：EME-C3057）とアレンジ内容に変更はありません。】

ELEVATO
MUSIC ENTERTAINMENT

# 千の風になって

作詞:不詳　作曲・日本語訳詞:新井 満　合唱編曲:田中達也

9
い　そこに　わたしは　ーいません　ねむってなんか　いませ
い　そこに　わたしは　ーいません　ねむってなんか　いませ
F♯m　B　Em　A　A7/G　F♯m7　Bm　Bm7　E7
13
mf
B
ん　せんのかぜに　せんのかぜになーーっ
ん　せんのかぜに　せんのかぜに
せんのかぜに　かぜになーーっ
Asus4　A　D　A/C♯　Bm　D7/A　G　A7/G
17
て　あの　おおきなーそらを　ふきわたーって　いま
ーなーって　あのおおきなーそらを　ふきわたーって　いま
て　あの　おおきなーそらを　ふきわたーって　いま
F♯m7　B7　Em　Em7　A　A7/G　F♯m7　Bm　Em　G/A　A7

21
C
mp
す
Uh
す
あ き に は ひ か り に ー な ーっ て
す
D G/D D C D A/C♯ Bm Bm7/A
mp
25
p
mp
は た け に ふ り そ そ ぐ ふ ゆ は ふ ゆ は
は た け に ふ り そ そ ぐ ふ ゆ は ダ イ ヤ の ー よ う に
Uh ふ ゆ は ダ イ ヤ の ー よ う に
G A7/G F♯m B Em A A7/G F♯m7 Bm Bm7
29
D
mf
ゆ き に な ー ー る あ な た
き ら め く ゆ き に な る あ さ は と り に なーっ て あ な た
き ら め く ゆ き に な る と り に なーっ て あ な た
E7 Asus4 A D D A/C♯ Bm D7/A

33
をめざめさせる
よるは ほしにな ー ーって
をめざめさせる ー ー
よるは ほしにな ー ーって
をめざめさせる
よるは ほしにな ー ーって
G A7/G F♯m7 B7 Em A A7/G F♯m7 Bm
37
mp
あなたをーみまもる
あなたをーみまもる ー ー
あなたをーみまもる ー ー
E
Em7 Em7/A G/D D
Em7 A F♯m7 B7
41
mp
わたし
Em G/A A7 G/D D G/D D G/D D
3
mf
dim.
p

45
F
p
Uh
の おはかの ー まえで なかないでください
p
Uh
D A/C♯ Bm Bm7/A G A7/G F♯m7 B7
F
mp
49
Uh Uh
mf
せんの
p
Uh
しん でなんか いません
mf
せんの
mp
そこに わたしは ー いません
しん でなんか いません
mf
せんの
Em A F♯m7 Bm E7 Asus4 A7
53
G
かぜに せんのか ぜにな ーーって あ
かぜに せんのか ぜにな ーって ー ー あ
かぜに せんのか ぜにな ーーって あ
G
D A/C♯ Bm D7/A G A7/G F♯m7 B7
mf-f
2nd time 8va

57
1.
f
の　おおきな　ー　そ　らを　ふきわたーって　います　せんの
Em　Asus4　A　F♯m7　Bm　Em　A7　D　D/A A7
cresc.
61
2.
mf
H
riten.
a tempo　rit.
mp
dim.
す　あの　おおきな　ー　そ　らを　ー　ふきわたーって　いま
す　ー　あの　おおきな　ー　そ　らを　ー　ふきわたーって　いま
G/D　D　Em7　A　F♯m7　Bm　Em7　Em7/A
66
Meno mosso ♩=69
rit.
す　ー
G　D/F♯　Em7　A7　D
dim.
p
pp

MEMO

# 千の風になって（秋川雅史）

作詞:不詳　日本語訳詞:新井 満

私のお墓の前で　泣かないでください
そこに私はいません　眠ってなんかいません
千の風に　千の風になって
あの大きな空を　吹きわたっています

秋には光になって　畑にふりそそぐ
冬はダイヤのように　きらめく雪になる
朝は鳥になって　あなたを目覚めさせる
夜は星になって　あなたを見守る

私のお墓の前で　泣かないでください
そこに私はいません　死んでなんかいません
千の風に　千の風になって
あの大きな空を　吹きわたっています

千の風に　千の風になって
あの　大きな空を　吹きわたっています

あの　大きな空を　吹きわたっています

# MEMO

# MEMO

ELEVATO
MUSIC ENTERTAINMENT

エレヴァートミュージックエンターテイメントはウィンズスコアが
展開する「合唱楽譜・器楽系楽譜」を中心とした専門レーベルです。

## ご注文について

エレヴァートミュージックエンターテイメントの商品は全国の楽器店、ならびに書店にてお求めになれますが、店頭でのご購入が困難な場合、下記PC&モバイルサイト・FAX・電話からのご注文で、直接ご購入が可能です。

◎PCサイト&モバイルサイトでのご注文方法

**http://elevato-music.com**

上記のアドレスへアクセスし、WEBショップにてご注文ください。

◎FAXでのご注文方法

**FAX.03-6809-0594**

24時間、ご注文を承ります。上記PCサイトよりFAXご注文用紙をダウンロードし、
印刷、ご記入の上ご送信ください。

◎お電話でのご注文方法

**TEL.0120-713-771**

営業時間内に電話いただければ、電話にてご注文を承ります。